# Die Drehung der Welt

*Steiner , Reich und das lebendige Feld*

# Von derselben Autorin oder demselben Autor

KEINE PANIK ! Der ultimative Survival Guide durch das Midlife Universum

KEINE PANIK !Der ultmative Hitzewelle Surf-ival Guide durch das Menopause Universum

KEINE PANIK ! Der ultimative Survival Guide durch das Chaos Universum der Pubertät

STUPID by the Feed-die gefährliche Macht der sozialen Medien

Die Kunst sich selbst zu leben-vom Mut den eigenen Weg zu gehen

Psychotricks-Manipulation in Beziehungen und im Alltag erkennen und sich davor schützen

Energievampire unsichtbare Feinde der Seele-wie Du deine Lebensenergie zurückeroberst

Mensch 2.0 wie du mit Technologie in Einklang kommst ,ohne dich selbst zu verlieren

Workflow 2.0-effizienter arbeiten,smarter leben

Das kreative Chaos- wie ADHS dein größtes Talent sein kann

Mein wunderschöner energetischer Naturgarten-wie du mit Lakhovskis und Schaubergers Lehren deinen Garten in ein Paradies verwandelst

Pannonische Perspektiven- Geschichten aus Pannonia

Donaugeschichten-Ein Tag an der Donau vor 500 Jahren

Schachteln im Fluss-Geschichte eines Aufbruchs

Mara von Eichen

# Die Drehung der Welt

*Steiner , Reich und das lebendige Feld*

Mara von Eichen

*© Auflagen Mara von Eichen 2025*
*Verlag: BoD · Books on Demand GmbH, Überseering 33, 22297 Hamburg, bod@bod.de*
*Druck: Libri Plureos GmbH, Friedensallee 273, 22763 Hamburg*
*ISBN: 978-3-8192-4584-8*

# Mara von Eichen

Mara von Eichen lebt mit ihrer Familie in Südungarn und verbindet in ihren Werken Natur,Psychologie,Bewusstsein und kreative Ausdrucksformen. Als Autorin und Künstlerin betrachtet sie die Welt mit besonderer Sensibilität und Tiefgang. Ihre Sachbücher laden dazu ein, neue Perspektiven zu entdecken und die Verbindung zwischen Mensch und Natur bewusster wahrzunehmen. In der Ruhe der unberührten Landschaft findet sie Inspiration für ihre Arbeiten, die Verstand und Seele gleichermaßen ansprechen.

Für das Feld.
Für das, was lebt, schwingt, heilt und erinnert.
Für alle, die wieder spüren wollen –
und für das Leben, das durch uns alle fließt.

# Inhaltsverzeichnis

# Vorwort

Manchmal beginnt ein neues Verstehen nicht mit Wissen –
sondern mit einem inneren Vibrieren.
Etwas klingt an, schwingt nach, rührt auf.
Wie eine Erinnerung aus weiter Ferne,
die gleichzeitig tief vertraut ist.

Dieses Buch ist eine Einladung,
das **Lebendige hinter dem Sichtbaren** wiederzuerkennen:
Die Drehung des Blattes im Wind.
Den Tanz der Wespe um reifes Obst.
Das leuchtende Pulsieren eines Feldes, das wir nicht sehen, aber spüren.

Es ist eine Reise zu dem, was viele längst vergessen haben –
aber nie verloren ging.

**Rudolf Steiner** sprach vom Äther,
**Wilhelm Reich** vom Orgon.
Beide meinten das Lebendige, das Wirkende, das Pulsierende.
Dieses Buch bringt ihre Wege zusammen –
nicht akademisch, sondern fühlbar.
Nicht dogmatisch, sondern offen.

Denn in einer Zeit der Trennung
ruft das Leben nach **Verbindung**.

Wenn dir beim Lesen ein leiser Schauer über den Rücken läuft,
wenn du innehältst, weil du dich erinnerst –
dann hat dieses Buch sein Ziel erreicht.
**Mara von Eichen**

# Einleitung

**Die Drehung der Welt – Steiner, Reich und das lebendige Feld** ist kein gewöhnliches Buch.
Es ist eine Einladung – ein Erinnern – ein leiser Strom, der dich durch Wissen, Gefühl, Körper und Seele trägt.

Wir leben in einer Zeit, in der vieles getrennt wurde:
Geist und Körper. Mensch und Natur. Herz und Verstand.
Dieses Buch geht zurück zu dem, was nie getrennt war: **dem Feld, das alles verbindet.**

Es führt dich durch die Lehren zweier Männer, die auf ganz unterschiedlichen Wegen dasselbe entdeckten:
**Rudolf Steiner** – der geistige Seher, der den Äther hörte.
**Wilhelm Reich** – der Körpertherapeut, der das Orgon befreite.
Zwei Wege – ein Strom. Zwei Stimmen – ein Lied.

In 18 Kapiteln wird sichtbar, was nicht greifbar ist:
**Formen, Schwingungen, Lebenskräfte, Rhythmen, Symbole.**
Ein Tanz zwischen Himmel und Haut.
Dieses Buch ist kein Lehrbuch.
Es ist ein **Begleiter**.
Es will **nicht überzeugen**, sondern **berühren**.

Denn die Drehung beginnt nicht da draußen –
sondern **in dir.**

# Kapitel 1 – Warum sich alles dreht

*Einführung in das lebendige Feld*

Es beginnt nicht mit einer Theorie.

Nicht mit einem Buch. Nicht mit einer These.

Es beginnt mit einem **Moment des Staunens**.

Vielleicht beim Anblick einer Wespe, die in immer enger werdenden Kreisen ein Stück Fallobst umfliegt.

Oder beim ersten Gären eines Brotteigs, der plötzlich zu leben beginnt.

Oder wenn man an einem Ort steht – still – und spürt:

**Hier ist etwas.**

Etwas, das nicht sichtbar, nicht greifbar, und doch unverkennbar da ist.

Die Welt dreht sich.

Nicht nur im astronomischen Sinn, sondern in einem viel tieferen:

**Alles Lebendige pulsiert, strömt, schwingt, kreist.**

Der Nebel über dem Morgenfeld windet sich in Spiralen.

Pflanzen wachsen in Fibonacci-Mustern.

Galaxien rotieren wie riesige Wirbel.

Und auch das, was wir „totes Material" nennen, lebt im Innersten – durch Bewegung, durch Drehung, durch Beziehung.

**Dieses Buch handelt vom Lebendigen.**

Von dem, was sich zwischen den Dingen abspielt.

Vom Raum zwischen Körpern, zwischen Worten, zwischen Gedanken.

Ein Raum, den die Wissenschaft oft übergeht,
weil er sich nicht messen, wiegen oder zerteilen lässt.
Und doch ist es genau dieser Raum, aus dem alles Leben entspringt.

**Der Puls des Lebens**

Wenn wir ganz still werden – so still, dass wir nicht mehr hören, sondern **lauschen** –
dann können wir ihn spüren:
 den **Puls der Welt**.

Er ist in unserem Atem, im Herzschlag, im Wechsel der Jahreszeiten, im Rhythmus der Wellen.

Er ist nicht linear. Nicht eckig. Nicht technisch.
Er ist rund, kreisend, spiralig – wie ein Tanz, der nie aufhört.

Und genau das ist das Zentrum unseres Buches:
**Die Drehung der Welt – und das Feld, das dadurch entsteht.**

Es ist kein neues Wissen.
 Es ist **uraltes Wissen**, das in jeder Kultur zu finden war –
 ob man es nun **Äther**, **Chi**, **Prana**, **Od**, **Orenda** oder später **Orgon** nannte.

Lebensenergie war nie ein Geheimnis – bis man begann, sie zu verbannen.

Und doch lebt sie weiter.

Im Garten.

Im Körper.

Im Wind, der durch Bäume streicht.

In einem Blick, der von Seele zu Seele geht.

**Die zwei Suchenden**

In diesem Buch begegnen wir zwei Menschen, die unterschiedlicher kaum sein könnten –
und sich doch auf eine **unsichtbare Weise die Hand reichen**:

**Rudolf Steiner**, der geistige Seher, der Äther als lebendiges Weben verstand.

**Wilhelm Reich**, der Körperforscher, der das Orgon entdeckte – die pulsierende Lebenskraft, die sich in jeder Zelle äußert.

Beide haben erkannt, was vielen verborgen blieb:
Dass die Welt nicht aus starren Bausteinen besteht,
 sondern aus **Beziehungen, Strömungen, Feldern**.
Dass der Mensch kein getrenntes Wesen ist,
 sondern **eingewoben in ein lebendiges Netz**.

Dieses Netz kann man nicht mit dem Lineal erfassen.

Aber man kann es spüren.

Im Körper.

Im Herzen.

Im intuitiven Wissen, das in jedem von uns schlummert.

**Warum dieses Buch jetzt geschrieben werden muss**

Wir leben in einer Zeit der Trennung.

Kopf gegen Körper. Technik gegen Natur. Ich gegen du.

Und doch wächst eine neue Sehnsucht.

Eine Sehnsucht nach **Verbindung**, nach **Wahrhaftigkeit**, nach **Resonanz**.

Dieses Buch will kein Lehrbuch sein.

Es will **ein Raum sein** –
zum Spüren, Erinnern, Wiedererkennen.

Es will nicht erklären, was „richtig" oder „falsch" ist.

Es will öffnen – für ein anderes Sehen.

Ein Sehen mit dem Herzen, mit dem Leib, mit der Seele.

Wenn du es liest,
und es beginnt **in dir zu vibrieren**,
wenn du plötzlich aufhorchst,
weil dir etwas **bekannt vorkommt, ohne dass du es je gelernt hast** –
dann ist der Moment gekommen,
in dem sich das Feld öffnet.

Dann beginnt die **Drehung in dir**.

# Kapitel 2 – Rudolf Steiner: Der Sehende im Äther

*Er war keiner, den man beiläufig liest.*

Rudolf Steiner, geboren 1861 in der heutigen Slowakei, war ein **Grenzgänger zwischen Welten**.

Wissenschaftler, Philosoph, Mystiker – und vor allem: **ein Wahrnehmer tieferer Wirklichkeit**.

Er sah, wo andere nur ahnten.

Er verband, was in seiner Zeit als unvereinbar galt: Natur und Geist, Körper und Kosmos, Erkenntnis und Empfinden.

Wer ihm begegnete, sprach oft von **einem Blick**, der durch Dinge hindurchsah.

Nicht als Trick. Nicht als Magie. Sondern als Ergebnis eines lebenslangen Ringens um Klarheit, Wahrheit und Durchdringung.

Steiner sah nicht nur den Menschen – er sah das **Wesen hinter dem Menschen**.

Und mit demselben Blick erkannte er die lebendige Struktur des Lebens selbst:

Das, was atmet zwischen Blättern.

Das, was schwingt zwischen Zellen.

Das, was lebt – obwohl es nicht „materiell" ist.

**Der Äther – das webende Leben**

In der heutigen Physik ist Äther ein veralteter Begriff.

Für Steiner jedoch war der **Ätherleib** ein **wesentlicher Teil des Menschen** –
eine lebendige Hülle aus Kräften, Strömen, Licht und Bewegung.

Kein bloßer Gedanke, sondern ein **spürbares, wahrnehmbares Feld**, das den physischen Körper durchwirkt und belebt.

Er unterschied vier Hauptkräfte, die in diesem Ätherwirken zusammenkommen:

1. **Lebensäther** – das, was den Unterschied macht zwischen einem toten Blatt und einem lebendigen

2. **Lichtäther** – der Träger der Form und der Klarheit, das, was Gestalt ordnet

3. **Tonäther** – auch Wärmeäther genannt; das, was innere Bewegung schafft, Kommunikation, Rhythmen

4. **Wärmeäther** – eine höhere Qualität von Energie, verbunden mit Bewusstsein und Selbstempfinden.

Diese Kräfte, so Steiner, **wirken überall** – nicht nur im Menschen, sondern in **allen lebendigen Wesen**.
Sie machen das Wachstum eines Baumes möglich.
Das Wachsen eines Kindes.

Das Öffnen einer Blüte bei Sonnenlicht.

Alles ist durchzogen von **unsichtbarem, aber wirksamem Leben**.

### Der Mensch als viergliedriges Wesen

Steiner sprach oft von der **Vierheit** des Menschen:

- **Physischer Leib** – der sichtbare Körper
- **Ätherleib** – das lebendige Kraftfeld
- **Astralleib** – Träger von Gefühl, Empfindung, innerer Bewegung
- **Ich** – das geistige Zentrum, die Individualität

In dieser Lehre steckt keine bloße Metaphysik, sondern ein radikales Angebot:

**Der Mensch ist mehr als Materie.**

Und nur wenn wir alle diese Ebenen ernst nehmen, können wir **heilen, wachsen und wirklich leben**.


Für Steiner war der Ätherleib auch der Ort, an dem viele moderne Krankheiten beginnen –

nicht im Körper, sondern in einer **Störung der Kräfte**, einer Blockade im Strom des Lebendigen.

Eine Ahnung, die später bei Wilhelm Reich in anderer Sprache wiederkehren sollte.

### Erkenntnis als spiritueller Akt

Steiners „Anthroposophie" ist keine Theorie – sie ist ein Weg.

Ein Weg der **geistigen Schulung, des inneren Sehens, des fühlenden Denkens**.

Er forderte den Menschen auf, nicht blind zu glauben, sondern **wach zu werden**.

Selbst wahrzunehmen.

Sich zu schulen, die feinen Kräfte zu erkennen, die durch alles Leben strömen.

Er entwickelte daraus:

- **die Waldorfpädagogik**, in der das Kind als seelisch-geistiges Wesen ernst genommen wird
- **die biodynamische Landwirtschaft**, in der Erde, Pflanze, Tier und Kosmos zusammenwirken
- **die anthroposophische Medizin**, die Geist und Körper in Resonanz bringt
- und nicht zuletzt eine **spirituelle Wissenschaft**, die das Unsichtbare beobachtbar macht

**Der stille Prophet des Äthers**

Man hat ihn oft belächelt.

Manche verehrten ihn, andere verspotteten ihn als Sektierer.

Doch das, was er sah und beschrieb,

dringt heute – in Zeiten der Erschöpfung, der Zerstörung, der Sinnsuche –

wieder an die Oberfläche.

Steiner sprach **nicht vom Glauben, sondern vom Schauen**.

Vom inneren Erkennen dessen, was lebt.
Er war ein Mensch, der mit dem Herzen dachte
und mit dem Denken fühlte.

In seinem Werk liegt kein Dogma –
sondern eine **Einladung zum Erwachen**.

Er sah den Menschen **als Schöpferwesen**,
eingewoben in ein Feld, das trägt, nährt, pulsiert.
Ein Feld, das wir nicht „haben", sondern **sind**.

# Kapitel 3 – Wilhelm Reich: Der Befreier der Lebenskraft

*Es gibt Menschen, die zu früh kommen.*

Nicht weil sie falsch sind – sondern weil die Welt noch nicht bereit ist für das, was sie zu sagen haben. **Wilhelm Reich** war einer von ihnen.

Geboren 1897 in Galizien, im damaligen Österreich-Ungarn, aufgewachsen zwischen bäuerlicher Natur und intellektuellem Anspruch,
bewegte sich Reich früh zwischen zwei Polen:
dem **Spüren** und dem **Denken**, dem Körper und dem Geist.

Er war Schüler Sigmund Freuds – aber nur kurz. Denn Reich war nicht bereit, das Unbewusste **nur zu analysieren**.
Er wollte es **befreien**.

Er wollte, dass Menschen wieder **atmen, fühlen, lieben, leben** –
nicht nur über ihre Neurosen sprechen.

Und so begann ein Weg, der ihn durch **Körpertherapie, Sexualforschung, Energieentdeckung** und schließlich zur **Verfemung** führte.

**Orgon – die entdeckte Lebenskraft**

Reich erkannte in der Therapie, was Steiner auf geistigem Weg sah:

Dass der Mensch durchströmt ist von **Energie** –

und dass diese Energie **stocken, blockieren, fließen oder pulsieren** kann.

Er nannte diese Kraft **Orgon** –

eine universelle Lebensenergie,

die sich in lebender Materie, in der Atmosphäre, in Pflanzen, Tieren, Menschen ausdrückt.

Sie ist nicht sichtbar, aber messbar –

nicht materiell, aber wirksam.

Orgon pulsiert.

Es bewegt sich in **Wellen**, in **Expansion und Kontraktion**,

wie der Atem, wie das Herz, wie der Tanz des Universums.

Wenn Orgon frei fließt, ist der Mensch lebendig, offen, strahlend.

Wenn es blockiert ist, entsteht **Panzerung** –

körperlich, seelisch, gesellschaftlich.

**Die Panzerung – ein unsichtbares Gefängnis**

Reich erkannte:

Unsere **Emotionen speichern sich im Körper**.

Unverarbeitete Angst, Scham, Wut – sie setzen sich fest.

Nicht nur psychisch, sondern in Muskeln, Haltung, Mimik, sogar im Zellfeld.

Er sprach vom „gepanzerte[n] Charakter" –
Menschen, die durch ihre Vergangenheit wie in Rüstung leben:
kontrolliert, gehemmt, abgeschnitten vom inneren Strom.

Reich entwickelte **Körperarbeit**, um diese Panzer zu lösen:
durch Atem, Bewegung, Ausdruck, Berührung.
Es war keine Massage – es war **eine Befreiung der Lebensenergie**.
Und es war revolutionär.

**Der Orgonakkumulator – Energie sammeln**
Reich ging weiter:
Er baute Geräte, die Orgon **konzentrieren und sammeln** sollten – sogenannte **Orgonakkumulatoren**.
Schichtungen aus organischen und metallischen Materialien,
die Energie aus der Umgebung aufnahmen und im Inneren sammelten.

Menschen setzten sich hinein,
und viele berichteten von **Wärme, Klarheit, Erleichterung, Heilung**.


Doch für die damalige Medizin und Politik war das zu viel.
Zu körperlich.

Zu lebendig.

Zu **frei**.

### Der Preis der Wahrheit

In den 1950er-Jahren wurde Reich in den USA wegen „Verstoß gegen Arzneimittelgesetze" verurteilt. Seine Bücher wurden **verbrannt** – ein ungeheuerlicher Vorgang in einem demokratischen Land.

Er selbst starb 1957 im Gefängnis – allein, aber mit brennendem Herz.

Doch seine Gedanken überlebten.

Heute wird er wiederentdeckt – nicht als „Scharlatan", sondern als **Pionier**. In der Körpertherapie, in der Energiemedizin, in der freien Forschung.

Denn Reich verstand, was viele nicht sehen wollten: Dass der Mensch nicht aus Einzelteilen besteht – sondern aus **vernetzter, pulsierender Lebenskraft**, die ihren eigenen Rhythmus, ihren eigenen Strom hat.

### Der Tänzer des Körpers

Wilhelm Reich war kein feiner Redner, kein Diplomat.

Er war ein Sturm.

Ein Mann, der die Wahrheit **nicht nur dachte**, sondern durchlebte.

Er sprach vom **orgastischen Potenzial** nicht im pornografischen Sinn –
 sondern als **Symbol des freien Fließens**,
der völligen Öffnung für das Leben.

Ein lebendiger Mensch, sagte er, ist keiner, der funktioniert –
 sondern einer, der **fühlt**.

Einer, der lacht, weint, schreit, liebt –
und dabei **ganz bei sich ist**.


Wilhelm Reich hat gezeigt,
dass die größte Revolution nicht im Außen beginnt –
 sondern im **Lösen der inneren Blockade**.

Ein Mensch, der sich erinnert, wie es ist zu fließen,
ist ein Mensch, der nicht mehr formbar ist.

Er wird zum Feld.
Zum Puls.
Zum Lebendigen selbst.

# Kapitel 4 – Zwei Wege, ein Feld

*Wenn Steiner und Reich einander die Hand reichen*

Zwei Männer.
Zwei Zeiten.
Zwei völlig unterschiedliche Wege.
Und doch: ein gemeinsamer Herzschlag.
Ein gemeinsames Spüren.
Ein gemeinsames Wissen –
vom **lebendigen Feld**, das alles durchdringt.


**Rudolf Steiner**, der spirituelle Architekt des Äthers,
und **Wilhelm Reich**, der körpernahe Befreier des Orgons –
sie kannten einander nicht.
Sie hätten sich vielleicht gestritten.
Oder einander nur schweigend verstanden.
Doch zwischen ihnen liegt **keine Trennung**,
sondern eine Brücke.
**Vom Geist zum Körper – und zurück**
Steiner kam aus dem **Geistigen**.
Er sprach von den höheren Welten, von übersinnlicher
Wahrnehmung,

vom Ätherleib als einem fein gewobenen Netz kosmischer Kräfte.

Für ihn war der Mensch ein **spirituelles Wesen**, eingebettet in Rhythmen, Planetenbewegungen, Naturgesetze höherer Ordnung.

Reich kam vom **Leiblichen**.
Er beobachtete den Körper, den Atem, die Sexualität, das Festhalten und das Fließen.

Für ihn war der Mensch ein **pulsierender Organismus**,

ein lebender Resonanzraum, der erst durch **freien Energiefluss** wirklich Mensch wird.

Beide beschrieben das Gleiche –
nur von verschiedenen Polen aus.

Steiner sprach vom **Lichtäther**,
Reich von **strahlendem Orgon**.

Beide sprachen von **Feldkräften**, die nicht greifbar, aber erlebbar sind.

Beide sahen, dass das **Lebendige nicht linear** ist, sondern rhythmisch, atmend, schwingend.

**Der pulsierende Kosmos**

Wenn man ihre Lehren zusammenlegt, entsteht ein gewaltiges Bild:

- **Steiner** zeigt den großen Zusammenhang – die Erde im Kosmos, den Menschen als Teil einer höheren Ordnung,

eingebettet in Jahreszeiten, Planeten, Engel-
reiche.

- **Reich** bringt dieses Wissen **ins Fleisch**,
    in den Körper, in das zittrige, verletzli-
    che, lebendige Jetzt.
    Er sagt: All das wirkt **hier** – in deiner
    Haut, deinem Bauch, deinem Atem.
  Steiner hebt den Blick zum Himmel.

Reich bringt ihn in den Unterleib.

Zusammen ergeben sie **einen vollständigen Menschen**:

Verwurzelung **und** Krone.

Kosmos **und** Zelle.

**Zwei Stimmen – ein Lied**

Wenn man Steiners Sprache hört,

spürt man den **heiligen Ernst** eines Wissenden.

Wenn man Reich liest,

hört man den **emotionalen Aufschrei** eines Kämpfers.


Doch in beiden vibriert **Liebe zum Leben**.

Nicht romantisch, sondern radikal:

**Leben will fließen.**

**Leben will wirken.**

**Leben will ganz sein.**

Und:

**Leben wird zerstört, wenn es festgehalten, unter-
drückt, kontrolliert wird.**

Hier liegt ihr gemeinsamer Feind:
Die Mechanisierung des Menschen.
Die Reduktion auf Funktion, Leistung, Oberfläche.
Das Ersticken der inneren Bewegung.

Beide wollten, dass der Mensch sich **erinnert**,
wer – oder besser: **was** – er ist.

**Ein gemeinsames Erbe**

Heute, im 21. Jahrhundert, stehen wir an einem Punkt,
an dem wir beides brauchen:
Den **spirituellen Blick**,
und das **leibliche Spüren**.


Wir brauchen die **Weisheit Steiners**,
um die Welt wieder als lebendiges Ganzes zu begreifen.
Und wir brauchen die **Radikalität Reichs**,
um den Strom im Inneren wieder frei fließen zu lassen.

Wenn diese beiden Stimmen zusammenklingen,
beginnt sich etwas zu **erinnern** – in uns, zwischen
uns, um uns.


Dann geschieht, was beide auf ihre Weise wollten:
Der Mensch **wird wieder ganz**.
Nicht mechanisch. Nicht gebrochen. Nicht gefangen.
Sondern **frei**.

Ein Wesen aus Licht.
Ein Wesen aus Atem.
Ein Wesen aus Feld.

# Kapitel 5 – Was ist das lebendige Feld?

*Vom Unsichtbaren, das alles durchdringt*

Es gibt etwas, das zwischen allem liegt.
Zwischen dir und mir.
Zwischen der Wurzel und der Sonne.
Zwischen dem Einatmen und dem Ausatmen.
Etwas, das nicht gesehen, nicht berührt, nicht gewogen werden kann –
und doch ist es **das Tragendste überhaupt**.
Man hat viele Namen dafür gefunden:
**Äther. Orgon. Chi. Prana. Od. Lebenshauch. Geist. Feld.**
Was all diese Begriffe verbindet, ist die Ahnung,
dass es ein **unsichtbares Gewebe** gibt,
das alles Leben miteinander verbindet.
Ein Kraftfeld, das nicht nur **trägt**, sondern **formt, informiert und bewegt**.
Wir nennen es in diesem Buch:
**Das lebendige Feld.**
**Ein Feld, das nicht nur „da" ist – sondern „ist"**
Ein physikalisches Feld ist eine unsichtbare Zone der Wirkung.
Ein Magnetfeld beeinflusst Eisen.
Ein Schallfeld trägt Klang.
Ein Gravitationsfeld zieht an.

Das **lebendige Feld** aber geht weit darüber hinaus.
Es ist nicht nur eine Zone.
Es ist **die Substanz des Lebens selbst**.
Nicht das, was „zwischen" den Dingen geschieht –
sondern das, was die Dinge **überhaupt erst hervor-
bringt**.

Man kann es sich vorstellen wie ein **kosmisches
Gewebe** –
ein Netz aus Schwingung, Licht, Impuls und Information.

Oder wie ein **ozeanischer Raum**,
in dem alles – Pflanzen, Tiere, Menschen, Gedanken,
Gefühle –
als Wellen auftauchen, sich begegnen, tanzen, wieder
vergehen.

**Das Feld denkt nicht – es fühlt**

Das lebendige Feld ist nicht neutral.
Es ist nicht „objektiv".
Es **reagiert**. Es **antwortet**. Es **verbindet**.

Wenn du in einen Raum trittst und sofort merkst,
dass dort gestritten wurde –
obwohl keiner mehr da ist –
dann spürst du das Feld.

Wenn eine Blume welkt, weil sie nicht „gesehen"
wird –
dann geschieht das im Feld.

Wenn du an jemanden denkst – und er ruft im selben Moment –
dann wirkt das Feld.

Es ist wie ein unsichtbares Gedächtnis,
eine fühlende Haut der Welt,
die **nicht vergisst, nicht trennt, nicht schweigt.**

**Wir bestehen nicht aus Teilen – sondern aus Beziehungen**

Die moderne Welt liebt das Trennen.
Kopf hier, Bauch dort.
Physik da, Biologie dort.
Mensch da, Natur dort.

Doch das Feld zeigt:

**Alles ist Beziehung. Alles ist Schwingung. Alles ist Antwort.**

Ein Vogel ruft – und der Himmel klingt anders.
Ein Baum wird gefällt – und der Boden atmet schwer.
Ein Kind lacht – und der Raum um es herum wird weich.

Das Feld ist **nicht in den Dingen** –
es ist **das Zwischenraumhafte**, das alles miteinander verbindet.
Es ist das, was bei den indigenen Völkern **Geist der Dinge** heißt.
Was die Mystiker **Seele der Welt** nannten.
Und was heute manche mutige Physiker als **Nullpunktfeld** beschreiben.

**Fühlen ist Feldarbeit**

Wir sind nicht nur Beobachter dieses Feldes –
wir sind **Teil davon.**

Jeder Gedanke, jedes Gefühl, jede Handlung
sendet Wellen aus in dieses Gewebe.

Und jede Welle trifft auf Resonanz.

Darum spüren sensible Menschen so viel.

Darum reagieren Tiere auf Schwingungen.

Darum geschehen „Zufälle", Synchronizitäten, innere
Bilder –

weil das Feld **spricht.**

Nicht in Worten, sondern in **Form, Fluss, Frequenz.**

**Warum das heute wieder wichtig wird**

Die Welt leidet nicht nur an Umweltzerstörung.

Sie leidet an **Feldvergessenheit.**

Wir sehen Körper, aber nicht das Leben darin.

Wir messen Werte, aber nicht die Wärme dahinter.

Wir berechnen Wirkungen, aber nicht die Beziehung,
aus der sie entstehen.

Das lebendige Feld kehrt zurück –

nicht als esoterische Idee, sondern als **Wirklichkeit,
die immer schon da war.**


Wir beginnen wieder zu spüren:

**Was ich tue, verändert das Ganze.**

**Was ich denke, schwingt.**
**Was ich liebe, lebt weiter.**


Das Feld lebt.
Und es **lebt durch dich.**
Du bist kein Beobachter.
Du bist **ein Knotenpunkt** in diesem Gewebe.
Ein Impuls. Eine Antwort. Eine Welle im Ozean der Welt.
Und mit jedem bewussten Schritt
beginnst du, wieder Teil davon zu sein.

# Kapitel 6 – Torus, Spirale und Schwingung

*Die Geometrie der Lebenskraft*

Wie formt sich das Unsichtbare?
Wenn das lebendige Feld nicht gesehen werden kann –
kann es vielleicht **verstanden** werden durch seine
Bewegungen, Muster, Formen?
Ja.
Denn das Leben hinterlässt **Signaturen**.
Wiederkehrende Muster, die sich durch Natur, Körper,
Kosmos und Geist ziehen.

Drei von ihnen stehen im Zentrum:
**Torus. Spirale. Schwingung.**
**Der Torus – das atmende Herz der Energie**
Stell dir eine Donut-Form vor.
Ein Ring, der gleichzeitig nach innen und außen
strömt.
Ein Gebilde, das sich selbst durchströmt, nährt, ordnet.

Das ist der **Torus** – eine der grundlegendsten
Energieformen im gesamten Universum.
Er findet sich in:
- Galaxien

- Magnetfeldern der Erde
- dem menschlichen Herzfeld
- der Dynamik von Äther und Orgon
- Apfelformen, Lichtwirbeln, Pilzsporen

Der Torus ist **kein statisches Objekt** –
er ist eine **Bewegung**, ein **Kreislauf**, ein **Selbstnährungssystem**.
Energie fließt von außen nach innen, dreht sich durch das Zentrum hindurch und kehrt in sich zurück.

Er ist die Form des **freien, lebendigen Flusses** – ohne Abgrenzung, ohne Stillstand.

In ihm offenbart sich das, was Steiner *Ätherwirken* und Reich *Orgonfluss* nannte –
ein **pulsierender Tanz zwischen Zentrum und Peripherie**.

### Die Spirale – die Handschrift des Wachstums

Schau dir einen Farn an, wie er sich entrollt.
Eine Muschel. Ein Schneckenhaus. Eine Galaxie. Eine Sonnenblume.

Alle tragen die gleiche Form in sich: die **Spirale**.

Die Spirale ist kein Kreis.

Sie ist **gerichtete Bewegung**, nach innen oder außen – immer mit einem Zentrum, immer mit einer Öffnung.

Sie ist Ausdruck von **Wachstum, Ausdehnung, Entwicklung**.
Nichts Lebendiges wächst linear.

Alles entsteht in **Windungen, Wiederholungen, vertieften Umläufen**.

Die Spirale zeigt:

Leben ist nicht nur Rhythmus – es ist **tiefer werdender Rhythmus.**

Leben wiederholt sich nie identisch.

Es **wandelt sich im Kreis** –

wie in einem kosmischen Walzer.

In den Lehren alter Kulturen war die Spirale das Symbol des **ewigen Lebensflusses.**

Sie steht für Geburt, Rückkehr, Transformation.

Für das, was **kein Anfang und kein Ende** kennt.

**Schwingung – die unsichtbare Struktur aller Dinge**

Und was bewegt den Torus?

Was treibt die Spirale?

Es ist die **Schwingung** –

der **Grundton des Seins.**

Alles lebt durch Schwingung.

Zellen kommunizieren über Frequenz.

Stoffe zeigen Resonanzverhalten.

Emotionen erzeugen messbare Schwingungsfelder.

Gedanken senden Impulse aus – spürbar im Raum.

Schwingung ist **die Sprache des Feldes.**

Sie zeigt sich in Mustern, Wellen, Rhythmen, Klang.

Sie ist nicht „abstrakt", sondern **konkret fühlbar:**

- In Musik, die uns berührt

- In Orten, an denen wir uns wohl oder unwohl fühlen
- In Begegnungen, die „klingen" oder „klirren"

Alles, was lebt, **resoniert.**

Und Resonanz bedeutet: **Verbindung. Beziehung. Antwort.**

Reich sprach vom „pulsierenden Orgon".

Steiner vom „Lebenston des Kosmos".

Beide beschrieben:

Leben ist **nicht Ding,**

sondern **Geschehen.**

Ein kontinuierlicher, atmender, schwingender Prozess.

**Das Universum als Bewegung, nicht als Maschine**

Unsere westliche Wissenschaft hat lange in Maschinen gedacht:

Zahnräder, Hebel, Mechanik.

Doch das Leben ist kein Apparat.

Es ist ein **Tanz aus Formen, Frequenzen und Feldern.**

Die neue Physik beginnt das zu begreifen.

Sie spricht von:

- skalaren Feldern
- stehenden Wellen
- morphischen Feldern (Sheldrake)
- Nullpunktenergie

- Raumzeit als tanzendes Gewebe

All das führt zurück zu dem, was die Alten schon wussten:

**Form ist Bewegung. Bewegung ist Energie. Energie ist Leben.**

**Und wir?**

Wir bestehen aus Torusfeldern.

Unsere Zellen folgen spiralförmigem Wachstum.

Unser Herz schlägt in rhythmischen Schwingungen.

Unsere Gedanken senden Wellen.

**Wir sind nicht im Feld – wir sind das Feld.**

Und je mehr wir das erkennen,

desto bewusster können wir **mitwirken** –

in diesem großartigen Tanz,

der nicht aufhört, solange Leben geschieht.

# Kapitel 7 – Der Atem der Natur

*Wespen, Obst und das drehende Leben*

Du musst nur hinschauen.
Nicht suchen – nur sehen.
Dann beginnt sich die Welt zu zeigen.
 Nicht mit Worten, sondern mit **Bewegung**.
    Es ist der **Atem der Natur**,
der in spiralförmigen Bewegungen durch Felder
streicht,
der im Gärprozess summt,
der in den Tänzen der Insekten sichtbar wird.
    Die Natur **denkt nicht – sie schwingt.**
Und wenn du still genug wirst,
wirst du nicht nur Zeuge –
sondern Teil dieses großen rhythmischen Geschehens.
    **Wespen und die geheime Geometrie**
    Beobachte eine Wespe an einem sonnigen Tag,
wie sie über eine überreife Birne kreist.
Sie fliegt nicht ziellos.
 Sie bewegt sich in **kreisenden Schleifen**,
immer enger, immer präziser,
bis sie schließlich landet.
    Was viele nicht wissen:
· Wespen – und auch Bienen – folgen oft **spiralischen Bewegungsmustern**,

46

besonders dann, wenn sie auf **hohe Energiezustände** reagieren:

auf **vergärendes Obst**, auf **bestimmte Pflanzen**, auf **elektromagnetische Ladung**, auf **Lebensfeld-Impulse**.

Manche Naturbeobachter berichten, dass Wespen besonders auf **linksdrehende Prozesse** reagieren –

also z. B. bei **gärender Zersetzung**, bei **Abbau**, bei **Reifung**.

Sie folgen dem, was sich **verwandelt** – was sich **dreht, entwickelt, öffnet**.

Ist das reiner Instinkt?

Oder folgen sie einem unsichtbaren Strom – einem Feld, das sich spiralisch **entfaltet und wieder zusammenzieht**?

**Gärprozesse und das lebendige Drehen**

Jeder, der schon einmal Sauerteig angesetzt, Kombucha gebraut oder einen Apfelmost vergoren hat, weiß: Es passiert **etwas Eigenartiges**.

Der Brei beginnt zu leben.

Es steigen Blasen auf.

Ein leichter Nebel legt sich darüber.

Und manchmal – wenn man genau hinschaut – bilden sich **Spiralen, Wellen, Bewegungen**, als ob der Teig selbst **atmet**.

Das ist kein Zufall.

Gärung ist nicht bloß Chemie.

Sie ist ein **Verwandlungsprozess im Feld.**

Dabei entstehen:

- **rechtsdrehende Milchsäuren** (oft mit stabilisierendem, gesundem Effekt)
- **linksdrehende Milchsäuren** (häufig bei Fäulnis und Abbau)
- **biophotonische Entladungen**, die mit bloßem Auge nicht sichtbar sind, aber messbar

Einige Heiler und Bauern sprechen intuitiv von „guter Drehung" oder „schlechter Drehung".

Man weiß es – ohne es zu erklären.

Denn **das Feld zeigt es.**

**Pflanzen und ihre Windung**

Schau auf eine Ranke.

Wie sie sich um eine Stütze windet.

Sie tut es **nicht zufällig,**

sondern **gerichtet** – oft **rechtsherum**, manchmal **linksherum**.

Diese Windung folgt **inneren Rhythmen**.

Manche Pflanzen drehen sich mit dem Lauf der Sonne –

andere entgegengesetzt.

Auch bei Wasser findet man das:

In einer **natürlich fließenden Quelle** entstehen

rechtsdrehende Strömungen –
sie gelten als **belebend**.

In technischen Systemen, wo das Wasser erzwungen wird,
kann sich die Drehung umkehren –
manche sagen, es wird dann **energetisch „leer" oder „müde"**.

**Tiere, die auf das Feld reagieren**

Es ist bekannt, dass Kühe sich bevorzugt **nach den Erdmagnetlinien** ausrichten.
Dass Katzen sich auf **energetisch aktive Punkte** legen.
Dass Hunde oft warnen, bevor ein Erdbeben geschieht –

weil sie etwas spüren, das **nicht sichtbar** ist.

All diese Reaktionen sind keine „Phänomene" –
sie sind Hinweise auf ein **Feldbewusstsein**,
das allen Lebewesen innewohnt –
nur wir Menschen haben es größtenteils **verlernt**.

**Der Mensch als Naturbeobachter – und Mitspieler**

Früher war es selbstverständlich, die Natur zu lesen.
Nicht mit Instrumenten – sondern mit dem **Herzen, dem Bauch, dem Gefühl**.

Ein Bauer wusste, wann ein Sturm kommt.
Eine Bäuerin spürte, ob eine Kuh krank war.
 Man lebte im **Dialog mit dem Feld.**


Heute lernen wir langsam wieder hinzuhören.
Hinzu**spüren.**
 Denn wenn wir die Bewegungen der Wespe,
die Spiralen des Teigs,
 die Windungen der Pflanzen **verstehen**,
dann erkennen wir:



Das Leben be-
wegt sich **nicht geradlinig**.
Es denkt nicht in Konzepten.
 Es **atmet, tanzt, dreht sich.**
 **Und wir?**
 Wir sind keine getrennten Beobachter.
 Wir sind **Teil dieser Drehung**.
Wenn wir wieder in Beziehung treten –
mit einem Obstbaum, mit einem Teig, mit einer Wespe
–

dann beginnt sich auch in uns etwas zu **drehen**.
 Nicht als Wissen.
 Sondern als **Erinnerung.**

# Kapitel 8 – Biodynamik und das Denken in Rhythmen

*Wenn Landwirtschaft zum Gebet wird*

Nicht jeder Mensch hat einen Acker.
Nicht jeder pflügt oder sät.
Aber jeder Mensch ist **Teil des Werdens.**
Teil des Wachstums, der Ernte, der Zersetzung.
Teil der Erde, die uns trägt – auch wenn wir es vergessen.

**Biodynamische Landwirtschaft** ist mehr als eine Anbaumethode.
Sie ist ein Weg, das **Leben selbst zu begreifen – als Rhythmus, als Wesen, als Feld.**
Ein Weg, der **beobachtet, statt zu beherrschen.**
Der mitarbeitet, statt zu kontrollieren.
Der fragt, hört, fühlt – statt nur zu fordern.
**Vom toten Boden zum lebendigen Organismus**
In der konventionellen Landwirtschaft ist der Boden eine **Ressource.**
Ein Träger für Dünger, Saatgut, Chemie.
Ein „Medium", das funktionieren muss.
In der Biodynamik aber ist der Boden ein **lebendiges Wesen.**

Ein atmender Organismus.

Mit Bedürfnissen, Launen, Kräften, Rhythmen.

Nicht Besitz – sondern **Partner**.

Ein biodynamisch bewirtschafteter Acker wird nicht einfach gepflügt –

er wird **gestimmt**, wie ein Instrument.

Er wird **gefühlt**.

Es geht nicht nur darum, was man sät – sondern **wann**, **wie** und mit welcher **inneren Haltung**.

**Der kosmische Kalender**

Ein zentraler Gedanke der Biodynamik ist:
**Alles lebt in Rhythmen.**

- Der Mond beeinflusst nicht nur Ebbe und Flut –

  sondern auch **Wurzelkraft, Blattbildung, Blüte, Fruchtreife.**

- Die Konstellation der Planeten wirkt auf **Elemente, Farben, Geschmacksbildung.**

- Jeder Tag, jede Stunde, jede Wetterlage ist **Teil eines größeren Ganzen.**

Darum arbeiten biodynamische Landwirte nach **Aussaattagen**,

die nicht astrologisch, sondern **rhythmisch** gelesen werden:

Wann ist ein guter Tag für Blätter? Für Wurzeln? Für Ernten?

Man **liest den Himmel**, um mit der Erde zu sprechen.

Wie früher – nur bewusster.

**Die Präparate – alchemistische Medizin für den Boden**

Eines der rätselhaftesten Elemente der Biodynamik sind die **Präparate**.

Sie bestehen aus Pflanzen, Mineralien und tierischen Hüllen –

z. B. Kamille, Schafgarbe, Brennnessel, Baldrian, Quarz, Kuhmist –

die unter bestimmten Bedingungen **präpariert, vergraben, getrocknet, gerührt** werden.

Für viele klingt das nach Zauberei.

Für andere ist es **geistige Feldarbeit**.

Denn diese Substanzen wirken **nicht chemisch, sondern energetisch.**

Sie geben dem Boden **Impulse**.

Sie stärken das, was man nicht sehen, aber fühlen kann.

Wie homöopathische Mittel auf globaler Ebene.

Wie Erinnerungen an eine Ordnung, die längst da ist.

**Der Landwirt als Feldarbeiter – im doppelten Sinn**

In der Biodynamik ist der Landwirt nicht nur „Produzent".

Er ist ein **Diener des Lebendigen**.

Ein Hüter. Ein Übersetzer. Ein Zuhörer.

Er spürt den Puls des Bodens.

Er beobachtet die Tiere.

Er spricht mit den Pflanzen – nicht im esoterischen Sinn,

sondern in der **tiefsten Form von Beziehung**.

Sein Werkzeug ist nicht nur die Hacke –
es ist auch das **innere Ohr**.

Die Fähigkeit, das Feld zu **lesen**.

**Warum das wieder wichtig wird**

Wir leben in einer Zeit, in der Böden sterben.

In der Lebensmittel leer sind.

In der das Verhältnis zwischen Mensch und Natur **zerschnitten** wurde.

Die Biodynamik heilt nicht nur den Boden –
sie **heilt Beziehung.**

Sie bringt uns zurück in den **großen Rhythmus**, in dem alles seinen Platz hat:

der Regenwurm. Der Planet Merkur. Das Kinderlachen auf dem Acker.

Es ist ein Weg der **Demut** –
aber auch ein Weg der **Würde.**

Denn wer so arbeitet,
sagt nicht: „Ich mache Nahrung."

Sondern:

**„Ich begleite Leben."**

54

# Kapitel 9 – Der menschliche Körper als Feldorganismus

*Wenn der Körper mehr weiß als der Kopf*

Der Körper lügt nicht.
Er trägt die Wahrheit – auch wenn wir sie vergessen.
Er speichert jede Berührung, jede Angst, jedes ungesagte Wort.
Er erinnert sich an alles, was wir nicht verarbeitet haben.
 Nicht als Geschichte – sondern als **Spannung. Form. Haltung. Atem.**

**Wilhelm Reich** war einer der ersten, der den Menschen nicht nur psychologisch,
 sondern **energetisch** verstand.
Für ihn war der Körper ein **Feldorganismus** –
 durchzogen von pulsierender Lebensenergie, die entweder **fließt** oder **blockiert**.
Und wenn sie blockiert ist,
entsteht, was er die **Panzerung** nannte.
**Was ist Panzerung?**
Panzerung ist kein Muskelproblem.
 Sie ist eine **energetische Erstarrung**.
Ein Schutz, der einst sinnvoll war –

gegen Angst, Schmerz, Überwältigung –
der aber nie wieder losgelassen wurde.

Ein Kind, das sich nicht wehren durfte,
spannt den Kiefer – und bleibt Jahrzehnte später dort fest.

Ein Jugendlicher, der weinen wollte, aber nicht durfte,
verschließt den Brustkorb – und atmet nur noch flach.

Ein Erwachsener, der ständig „funktionieren" muss,
verliert die Verbindung zum Bauch – dem Ort der Kraft.

Diese Blockaden werden **Teil der Persönlichkeit**.
Man erkennt sie am Gang, an der Stimme, an der Haltung, am Blick.

Sie sind nicht krank – sie sind **Schutz**, der zur Struktur wurde.

Aber sie verhindern auch das,
was Leben eigentlich ist: **Fluss. Bewegung. Pulsation.**

### Der Körper als Resonanzraum

Der Körper ist kein mechanisches Objekt.
Er ist ein **Instrument**, das schwingen will.
Ein Feld aus Bewegung, Wärme, Flüssigkeit, Klang, Licht.

Wenn die Energie frei fließt,
spüren wir uns **vollständig**:

- Wir atmen tief
- Wir fühlen unsere Mitte

- Wir sind präsent, ohne zu kontrollieren
- Wir spüren Verbindung – zu uns, zu anderen, zur Welt

Das bedeutet:

**Der gesunde Körper ist kein perfekter Körper.**

Er ist ein **durchlässiger**, ein **durchströmter** Körper.

Reich sagte: „Wo Bewegung ist, ist Leben. Wo Bewegung erstarrt, beginnt der Tod."

**Der Orgasmus als Metapher des freien Flusses**

Reich verwendete den Begriff des **„orgastischen Potenzials"**

nicht im sexuellen Sinn allein –

sondern als **Gradmesser für Lebendigkeit**.

Ein Mensch mit hohem orgastischen Potenzial ist einer,

der **fließen lassen kann**:

Spannung aufbauen, Spannung halten, Spannung entladen –

im Atem, in der Bewegung, in der Emotion.

Ein Mensch mit geringem Potenzial

hält fest, unterdrückt, schneidet sich ab.

Nicht aus Bosheit – sondern aus **Angst und erlerntem Schutz.**

Reichs These war radikal:

**Wenn wir die Energie wieder frei fließen lassen, wird der Mensch heil.**

Nicht durch Analyse – sondern durch **Körperarbeit, Atem, Ausdruck, Beziehung.**

### Steiner und der Leib der Kräfte

Auch **Rudolf Steiner** sprach vom **Ätherleib** – einem unsichtbaren, aber spürbaren Feld, das den physischen Leib **durchformt**.

Er wusste: Krankheit beginnt **nicht im Stoff**, sondern im **Kraftfeld**.

Im gestörten Rhythmus. In der unterbrochenen Verbindung zwischen Lebensströmung und Selbstempfinden.

So zeigt sich:

Beide – Steiner und Reich –

sahen im Menschen einen **energetisch durchpulsten Organismus**,

kein isoliertes Ich in einem Fleischanzug.

Sie wussten:

**Der Mensch ist Feld.**

Und wenn er sich daran erinnert,

beginnt er wieder zu **leuchten**.

### Der Weg zurück

Die gute Nachricht:

Panzerung ist **nicht ewig**.

Was gelernt wurde, kann **entlernt** werden.

Was festgehalten wird, kann **gelöst** werden.

Der Weg zurück zum durchströmten Körper ist ein stiller,

aber **tief transformierender Weg**.

Er beginnt mit:

- bewusstem Atmen
- ehrlicher Körperwahrnehmung
- Weichwerden in der Anspannung
- Kontakt – zu sich selbst und anderen
- Berührung – physisch, seelisch, energetisch

Ein durchströmter Mensch muss nicht perfekt sein.

Er ist **echt**.

**Spürbar.**

**Anwesend.**

Und das spürt auch das Feld.

Denn das Feld erkennt,

wo Wahrheit durch den Körper spricht.

# Kapitel 10 – Wenn Orte sprechen

*Geomantie, Radiästhesie und die Seele der Landschaft*

Es gibt Orte, an denen wir uns **sofort wohlfühlen**.
Und andere, die uns unruhig machen, ohne dass wir
sagen könnten, warum.
Manche Plätze ziehen uns magisch an –
andere meiden wir intuitiv, obwohl sie „schön" ausse-
hen.

Was ist das?
Die Alten wussten es:
**Orte haben eine Seele.**
Sie sprechen – nicht in Worten,
 sondern in **Feldqualitäten, Schwingungen, Stim-
mungen.**

Dieses Wissen nannte man einst **Geomantie** –
die Kunst, die Erde zu lesen.

**Geomantie – das Lesen im Körper der Erde**

Das Wort stammt aus dem Griechischen: *geo* (Er-
de) und *manteia* (Weissagung).
 Es ist kein Hokuspokus – sondern ein tiefes, leibliches
**Einfühlen in Landschaft und Ort.**

Geomanten spüren:

- Wo die Erde „offen" oder „verschlossen" ist

- Wo alte Linien verlaufen (z. B. *Ley-Linien*, Drachenlinien)
- Wo es atmet – oder stockt
- Wo etwas heilt – oder entzieht

Früher wählte man **heilige Orte**, **Heilstätten**, **Quellen**, **Altäre**, **Wohnplätze** danach aus.

Heute bauen wir Einkaufszentren, Autobahnen oder Müllhalden drauf –
und wundern uns über diffuse Beschwerden, Erschöpfung oder das Gefühl von Getrenntheit.

**Radiästhesie – das feine Spüren**

Ein verwandter Pfad ist die **Radiästhesie** –
das Spüren von Erdstrahlung, Wasseradern, Kraftlinien mit Rute, Pendel oder bloßer Wahrnehmung.

Auch hier geht es nicht um Magie –
sondern um **Feldbewusstsein.**

Jeder Mensch spürt – nur ist es oft überlagert:

- Ein Kind will nicht in seinem Bett schlafen → Vielleicht verläuft eine Wasserader darunter
- Eine Familie streitet ständig seit dem Umzug → Vielleicht liegt das Haus auf einem „verdrückten Ort"
- Ein Baum wächst schief, ein anderer besonders kräftig → Vielleicht folgt er einer Kraftlinie

Tiere wissen das instinktiv.

Katzen liegen gern auf **energetisch aktiven Punkten** –

Hunde meiden sie.

Und Menschen?

Haben das Spüren verlernt –

aber sie können es **wiederfinden.**

**Der Genius Loci – der Geist des Ortes**

Die Römer nannten es den **Genius Loci** –

den „Geist" eines Ortes.

Jede Quelle, jede Hainlichtung, jeder Fluss hatte seinen Schutzgeist,

seine Wesenheit, seinen Charakter.

Das war nicht Aberglaube –

es war **Beziehung.**

Man erkannte, dass Orte mehr sind als Koordinaten.

Sie sind **Wesenheiten mit Geschichte.**

Auch heute noch sagen wir:

„Hier ist eine gute Stimmung."

„Hier fühlt es sich komisch an."

„Hier ist etwas."

Das Feld spricht.

Die Frage ist nur, ob wir wieder zuhören.

**Kraftorte, Altwege, Erdadern**

Kraftorte sind Plätze, an denen sich **Feldqualitäten bündeln.**

Oft sind es Kreuzungspunkte von Ley-Linien, Erdströmen, Wasseradern.

Sie können **belebend, klärend, transformierend** wirken –
aber auch fordernd oder überfordernd.

Alte Kulturen wussten das.
Deshalb stehen viele Kirchen, Tempel und heilige Stätten
auf denselben alten Punkten wie Jahrtausende zuvor:

- Stonehenge
- die Pyramiden
- der Tempelberg
- Kloster Weltenburg
- Lourdes
- und unzählige unscheinbare Hügel, Felsen, Quellen in der Landschaft

Diese Plätze sind nicht einfach **gebaut worden** – sie wurden **entdeckt.**

Und sie wirken – bis heute.

**Der Mensch als Landschaftswesen**

Wir denken oft: Wir wohnen „auf" der Erde.
Aber in Wahrheit sind wir Teil ihrer **Felder, ihrer Linien, ihrer Haut.**

Unsere Körper stimmen sich auf Orte ein –
sie verändern ihre Spannung, ihre Haltung, ihre Stimmung je nach Umgebung.

Ein Mensch, der wieder lernt, Orte zu spüren, wird zu einem **beweglichen, wachen Wesen** im großen Gewebe der Erde.

Er fragt nicht mehr:

„Was steht hier?"

Sondern:

**„Was lebt hier?"**

Er wird wieder Teil des Gesprächs.

Und beginnt, **anders zu bauen, zu pflanzen, zu wohnen, zu beten.**

# Kapitel 11 – Die Sprache der Spiralen

*Von Schnecken, Galaxien und Farnen*

Wenn du wissen willst, wie die Natur denkt –
dann schau, **wie sie formt.**

Die Natur schreibt keine Bücher.
Sie denkt nicht in Wörtern – sondern in **Mustern,
Bewegungen, Geometrien.**
Und eines ihrer liebsten Ausdrucksmittel ist:
die **Spirale.**

Sie taucht überall auf –
in winzigen Schneckenhäusern,
in ausrollenden Farnwedeln,
in Wasserwirbeln,
in der Anordnung von Sonnenblumenkernen,
in deinem Innenohr,
und in den riesigen Spiralarmen einer Galaxie.

Was ist das für eine Form,
die sich **überall wiederholt,**
und doch **niemals gleich ist?**

**Die Spirale – mehr als nur ein Kreis**

Ein Kreis ist in sich geschlossen.
Er steht für Wiederkehr, Rhythmus, Gleichgewicht.

Aber eine Spirale ist etwas anderes.
Sie ist **gerichtet, entwickelt sich, bewegt sich ins
Zentrum – oder hinaus.**

Sie ist das Bild für:

- Wachstum
- Wandlung
- Erinnerung
- Rückkehr auf neuer Ebene
- Initiation
- Entwicklung im Rhythmus

In vielen Kulturen galt die Spirale als **heiliges Symbol des Lebens**.

Die Kelten schnitzten sie in Steine.

Die Mayas malten sie auf Tempelwände.

Sie fand sich in alten Tänzen, in Ritualen, in der Architektur heiliger Orte.

Sie war **Symbol für das, was sich entfaltet und dabei dem Ursprung treu bleibt**.

### Der Goldene Schnitt – Harmonie in Zahlen

Viele Spiralen in der Natur folgen einem bestimmten Maß:

dem **Goldenen Schnitt**.

Er ergibt sich aus der **Fibonacci-Reihe**:

1, 1, 2, 3, 5, 8, 13, 21, 34, …

Jede Zahl ist die Summe der beiden vorhergehenden.

Diese Zahlenfolge findet sich in:

- der Anordnung von Blättern an einem Stängel
- der Verteilung von Samen in Früchten

- der Struktur von Tannenzapfen, Artischocken, Sonnenblumen
- und sogar im menschlichen Körper (z. B. Fingerknochen, Gesichtsanordnung)

Warum nutzt die Natur diesen „Trick"?

Weil er **Raum spart**, **Stabilität schafft** und **Schönheit erzeugt**.

Denn was dem Goldenen Schnitt folgt, wirkt auf uns **harmonisch, lebendig, stimmig**.

Es ist, als hätte das Leben selbst **ein ästhetisches Grundgesetz**.

**Spiralen in Bewegung – der Tanz der Elemente**

Spiralen entstehen nicht nur **als Form** – sie sind auch **Bewegung**:

- Wasser wirbelt spiralförmig, wenn es natürlich fließt
- Rauch steigt in spiralförmigen Bewegungen auf
- Wind formt Spiralen in Sand und Schnee
- Haare, Hörner, Wirbelstürme – alles folgt dem gleichen Prinzip

Auch in uns:

Die **DNA** – unser genetischer Code – ist eine **Doppelschraubenspiralform**.

Unser Körper ist eine Spirale aus Flüssigkeit, Knochen, Haut, Licht.

Und spirituell gesehen:

Viele Kulturen sahen die Spirale als **Weg der Seele** – vom Ursprung in die Welt

und von der Welt zurück ins Zentrum.

### Spirale oder Chaos?

Was für den modernen Blick oft „Zufall" oder „Unordnung" ist,

ist in Wahrheit **hochkomplexe Ordnung** in spiralförmiger Entfaltung.

Wir leben nicht in einem linearen Universum.

Wir leben in einem **sich selbst verwandelnden Tanz.**

Und dieser Tanz folgt **Spiralen.**

Sie sind das Muster des Lebens – nicht weil es hübsch aussieht,

sondern weil es **energetisch stimmig** ist.

Die Spirale ist kein Ornament.

Sie ist **eine Form der Energieverteilung.**

Sie schützt, öffnet, zentriert, transformiert.

### Und wir?

Wenn wir beginnen, Spiralen **nicht nur zu sehen, sondern zu fühlen**,

dann verändern sich unsere Bewegungen.

Wir beginnen, **geschmeidiger zu werden.**

Wir denken weniger in Linien – und mehr in Kreisen, Schleifen, Rhythmen.

Wir hören auf, alles **geradlinig lösen zu wollen.**

Wir erkennen: Entwicklung ist **ein spiralförmiger**

**Weg.**
Wir kommen **immer wieder an denselben Punkt** –
aber **nicht auf dieselbe Weise.**

Denn das Leben ist kein Kreis.
Es ist eine Spirale.

## Kapitel 12 – Licht, Farbe und Frequenz als lebendige Information

*Wenn Schwingung zur Botschaft wird*

Stell dir vor, du gehst durch einen Garten.
Die Sonne bricht durch die Blätter, ein Schmetterling flirrt durch die Luft,
und plötzlich… fühlst du **etwas.**
Nicht laut. Nicht greifbar. Aber deutlich.
Ein inneres Leuchten. Eine Ruhe. Eine Weite.
> Was ist das?
> Es ist **Frequenz.**

**Licht. Farbe. Bewegung. Feld.**
All das spricht – nicht zu deinen Ohren,
 sondern zu deinem **innersten Wahrnehmen.**
> **Alles ist Frequenz**
> Nikola Tesla sagte:
> **„Wenn du das Universum verstehen willst, denke in Begriffen von Energie, Frequenz und Schwingung."**

Jede Form, jede Farbe, jeder Ton hat eine **Frequenz** –
eine messbare, fühlbare, übertragbare Schwingung.

Frequenz ist **nicht nur eine technische Einheit** – sie ist **Träger von Information**.

Sie ist das, worin Leben **geschieht**.

- Eine Blume hat eine Frequenz.
- Ein Ort hat eine Frequenz.
- Ein Gedanke hat eine Frequenz.
- Und jede Emotion schwingt – hoch oder tief, klar oder vernebelt.

**Licht – mehr als Helligkeit**

Licht ist die erste Schöpfung.

Nicht im religiösen Sinn allein – sondern auch **physikalisch**.

Licht transportiert:

- **Information** (z. B. Biophotonen in Zellen)
- **Energie** (Wärme, Aktivierung, Lebensimpuls)
- **Ordnung** (Formbildung, Zellstruktur, Wachstum)

In der Anthroposophie spricht Steiner vom **Lichtäther** –

eine der Trägerkräfte, die die Welt **durchwebt**.

Ein Feld, das nicht nur beleuchtet – sondern **durchformt**.

In der Orgonforschung Reichs

gibt es ebenfalls ein **Leuchten**, das aus dem freien Energiefluss entsteht –

spürbar in lebendigen Zellen, in ekstatischer Bewegung, in erfüllter Gegenwart.

Licht ist **kein Nebenprodukt** –
es ist **Lebenssubstanz**.

**Farben – Tore zur Empfindung**

Farbe ist nichts anderes als **gebrochenes Licht**.
Aber im gebrochenen Licht offenbart sich der ganze Reichtum der Welt.

Jede Farbe trägt eine **Frequenz** – und damit eine **Stimmung, eine Wirkung, eine Botschaft.**

- **Rot**: Wärme, Kraft, Wurzel, Blut, Urvertrauen
- **Orange**: Lebensfreude, Sinnlichkeit, Fluss
- **Gelb**: Licht, Klarheit, Denken, Ordnung
- **Grün**: Herz, Heilung, Gleichgewicht
- **Blau**: Tiefe, Intuition, Weite
- **Violett**: Transformation, Geist, Rückbindung

Das ist keine Esoterik.

Die Farbwirkung wird längst in **Heilkunde, Architektur, Psychologie** genutzt.

Farben wirken **durch das Feld**.

Sie sprechen unser System **direkt** an –
nicht über Sprache, sondern über **Resonanz**.

**Frequenzmedizin und Biophotonik**

Die moderne Wissenschaft beginnt langsam zu verstehen,
was alte Kulturen immer wussten:

- Zellen kommunizieren über **Lichtimpulse**
- Heilung kann durch gezielte **Frequenzzufuhr** erfolgen
- Wasser speichert **Schwingungsinformationen**
- Klang, Licht und Farbe beeinflussen die **Zellspannung und Genexpression**

In der Frequenzmedizin werden mittlerweile **Krankheiten über Schwingungsmuster erkannt** – lange bevor sie im Blutbild auftauchen.

Reich hatte davon schon geträumt.

Steiner ebenfalls – mit seinem Konzept eines **lebendigen, geistgetragenen Organismus**,

der durch Farbe, Licht, Klang **in Harmonie** gebracht werden kann.

**Und wir?**

Wir bestehen aus Licht.

Aus Klang.

Aus Frequenz.

Unsere Zellen senden **Biophotonen** aus – kleinste Lichtimpulse, die Informationen tragen.

Unser Denken, Fühlen, Handeln – alles erzeugt **Schwingung im Feld.**

Und alles, was wir aussenden, **resoniert.**

Darum heilen Worte.

Darum verletzt ein Blick.

Darum leuchtet ein Mensch,
auch wenn er kein Wort sagt.

Denn was wir sind, ist mehr als unser Körper.
Wir sind **Information in Bewegung.**

# Kapitel 13 – Heilige Formen und uraltes Wissen

*Wenn Geometrie zum Spiegel des Göttlichen wird*

Manche Formen berühren uns,
ohne dass wir sagen könnten, warum.
 Ein Symbol. Ein Muster. Ein Kreis in einem Kornfeld.
Ein Ornament auf einer alten Tür.
Ein Mandala. Eine Blume. Ein Stein.
Sie tun etwas mit uns.
Still. Tief.
Sie öffnen etwas – oder erinnern uns an etwas.
 Etwas, das **jenseits von Verstand** liegt.
Was ist das?
Es ist das Wirken **heiliger Formen** –
 Formen, die **nicht gemacht**, sondern **entdeckt** wurden.
Nicht erfunden, sondern **offenbart.**

**Die Blume des Lebens – das Urmuster der Schöpfung**
Eines der bekanntesten heiligen Symbole ist die
**Blume des Lebens**:
Ein aus Kreisen gewebtes Muster,
 in dem sich alle **Grundformen des Seins** verbergen.
Sie wurde gefunden in:

- ägyptischen Tempeln
- alten Synagogen
- mittelalterlichen Kathedralen
- tibetischen Klöstern
- und heute auf T-Shirts, Wasserflaschen, Altarsteinen

Doch sie ist keine Mode –
sie ist ein **morphisches Urmuster.**
In ihr liegen:

- die **Platonischen Körper**
- das **Ei des Lebens**, das der Zellteilung entspricht
- der **Baum des Lebens**
- das **Metatronische Gitter**

Die Blume des Lebens ist wie eine **Klangschrift** –
ein sichtbares Echo des **kosmischen Klangs,**
der allem Leben zugrunde liegt.

Wer sie betrachtet,
fühlt oft Ruhe, Öffnung, Weite, Zentrierung.
Denn sie wirkt **nicht mental – sondern auf Zellebene.**

**Der Goldene Schnitt und die Sprache der Götter**

Die heilige Geometrie folgt bestimmten Verhältnissen –
vor allem dem **Goldenen Schnitt ($\Phi$),**
auch bekannt als die **göttliche Proportion.**

Dieses Maß findet sich in:

- der Struktur von Kristallen
- dem Aufbau des menschlichen Körpers
- dem Verhältnis von Musikinstrumenten
- dem Wachstum von Pflanzen
- der Architektur von Tempeln und Kathedralen

Warum?

Weil diese Proportion **stimmt** –

nicht nur mathematisch, sondern **energetisch.**

Was dem Goldenen Schnitt folgt,

fühlt sich **richtig** an –

weil es mit dem inneren Rhythmus des Lebens **in Resonanz** steht.

### Alchemistische Formen – mehr als Symbole

Viele alte Symbole, die heute als „esoterisch" oder „mystisch" gelten,

sind in Wahrheit **Formcodes**:

- das **Pentagramm**: Symbol des Menschen und des harmonischen Werdens
- das **Hexagramm**: Verbindung von Himmel und Erde, Geist und Materie
- die **Spirale**: Bewegung, Entwicklung, Rückkehr
- der **Kreis**: Einheit, Ewigkeit, Schutz
- das **Labyrinth**: innerer Weg, Transformation, Rückkehr zum Selbst

In alten Kulturen waren diese Symbole **aktivierte Formen** –

sie wurden **getragen, gezeichnet, getanzt, gebaut, geatmet.**

Sie dienten der **Erinnerung**:

an das, was wir sind –

und an das, was wirkt, auch wenn wir es vergessen haben.

**Symbole im Feld**

Symbole sind keine bloßen Zeichen.

Sie wirken im Feld –

als **Träger von Bedeutung**, von Ordnung, von Schwingung.

Deshalb wirken manche Räume **heiliger**,

manche Gegenstände **energetischer**,

manche Muster **beruhigender oder klärender** –

weil sie in Resonanz stehen mit dem **kosmischen Bauplan.**

Wer mit heiligen Formen arbeitet –

arbeitet mit dem Gedächtnis der Schöpfung.

**Und wir?**

Wenn wir diese Formen wieder **ehrfürchtig ansehen**,

nicht als Dekoration, sondern als **Spiegel**,

beginnt in uns ein leises Erinnern.

Dann erkennen wir:

- Dass Schönheit nicht nur ästhetisch ist, sondern **heilend**
- Dass Formen **Frequenzträger** sind
- Dass das Universum nicht chaotisch, sondern **tief durchformt** ist
- Dass auch wir **nach diesen Mustern gebaut** sind

Wir sind Blume.

Wir sind Spirale.

Wir sind goldener Schnitt.

Wir sind **Geometrie im Atem des Lebens.**

# Kapitel 14 – Energie und Sexualität

*Schöpfungskraft und Tabu*

Es gibt eine Kraft, die alles bewegt.
Die Bäume zum Blühen bringt.
Die Tiere zum Werben, Menschen zum Begehren,
Ideen zum Keimen.
Eine Kraft, die sowohl **erschafft** als auch **zerstört**,
die heilen kann – oder verzerren, wenn sie unterdrückt
wird.
Diese Kraft ist **Sexualität** –
oder präziser: **Schöpfungsenergie.**
Und kaum ein Feld ist so sehr mit **Scham, Angst,
Kontrolle, Missbrauch, Tabu und Verzerrung** über-
zogen wie dieses.
Warum?
Weil hier die **ursprünglichste Lebendigkeit** wirkt
–
ungefiltert, ungehemmt, ungeordnet.
Weil hier das **Feld in seiner reinsten Form pulsiert.**
Und genau das macht Angst – in einer Welt, die Ord-
nung, Kontrolle und Berechenbarkeit will.
**Wilhelm Reich: Sexualität als Energiefluss**
Für **Wilhelm Reich** war Sexualität **nicht mora-
lisch, sondern energetisch.**
Er sprach vom **orgastischen Potenzial** –

nicht als Frage von „Lust", sondern als **Gradmesser für Lebendigkeit.**

Ein Mensch, der:

- seine Lust spürt
- seine Gefühle zulassen kann
- seinen Körper bewohnt
- seine Spannung aufbauen und entladen darf

…ist ein Mensch, der **lebt.**

Nicht nur funktioniert, sondern **durchströmt** ist.

Nicht nur angepasst – sondern **frei.**

Reich beobachtete:

**Unterdrückte Sexualität führt zu Blockade.**

Blockade führt zu Panzerung.

Panzerung führt zu Verlust des Spürens – und das wiederum zu Aggression, Angst, Kontrolle, Fanatismus.

Deshalb war für ihn **freie Sexualität** kein Luxus – sondern eine **Grundbedingung für psychische Gesundheit und gesellschaftliche Heilung.**

**Steiner und das Hüten der Kraft**

**Rudolf Steiner** sprach nicht offen über Sexualität.

Doch wer genau liest, erkennt, dass auch er diese Kraft **kannte und achtete –**

als **Schöpfungsimpuls**, als **Lebenswirken**, als Teil des Ätherleibs.

In der Anthroposophie ist der Mensch ein Wesen aus:

- physischem Körper

- Ätherleib (Lebenskraft)
- Astralleib (Seele, Empfindung)
- Ich (geistiges Zentrum)

Die Sexualität wirkt **zwischen Äther und Astral** – als **bewegende, durchdringende, verwandelnde Kraft.**

In manchen spirituellen Schulen wird diese Energie **aufgestiegen, gewandelt, verfeinert** – nicht unterdrückt, sondern **geführt.**

Beide – Steiner und Reich – erkannten auf ihre Weise:

Sexualität ist **nicht trivial.**

Sie ist **heilig.**

Und genau deshalb wird sie so stark kontrolliert.

**Der Missbrauch der Kraft**

In der Geschichte wurde Sexualität selten gefeiert –

sondern oft missbraucht.

Für Macht. Für Kontrolle. Für Manipulation.

Sie wurde mit Schuld belegt.

Sie wurde versteckt, beschämt, zur Ware gemacht.

Ein Feld, das **eigentlich Licht trägt,** wurde zum **Schattenraum der Kultur.**

Was unterdrückt wird, verzerrt sich.

Was entwertet wird, sucht sich dunkle Wege.

Was nicht geheilt wird, wiederholt sich.

Deshalb ist es Zeit, diese Kraft **zurückzuholen.**

Nicht ins rohe Begehren –

sondern in die **Würde des Lebendigen.**

**Schöpfung beginnt im Feld**

Jeder kreative Impuls – ein Bild, ein Gedicht, ein Garten, ein Kind –

trägt denselben Ursprung:

**Bewegte, vibrierende Energie.**

Wenn sie frei fließt, entstehen:

- Beziehung
- Nähe
- Klarheit
- Wahrheit
- Tiefe
- Erfüllung

Wenn sie blockiert ist, entstehen:

- Leere
- Zynismus
- Kontrollsucht
- Suchtverhalten
- Trennung

Die Frage ist nicht, ob wir „Sex haben" –

sondern ob wir **leben.**

**Und wir?**

Wenn wir beginnen, Sexualität **nicht als Problem**, sondern als **Kraft** zu sehen –

nicht als Sünde, sondern als **Teil des Lebensfeldes**,
dann beginnt ein großer Heilungsprozess.

Dann öffnen sich:

- Becken
- Brust
- Stimme
- Atem
- Herz

Dann werden Begegnungen **wahrhaftig.**

Dann wird Lust **lebendig** – nicht zwingend sexuell,
sondern als **Tiefe von Präsenz.**

Und das Feld… antwortet.

Denn wo Energie wieder **fließen darf,**
beginnt Leben **sich selbst zu heilen.**

# Kapitel 15 – Die Verteufelung der Lebenskraft

*Warum Reich und Steiner bekämpft wurden – und warum ihre Ideen überleben*

Es ist ein altes Muster:
Was leuchtet, wird gedimmt.
Was heilt, wird verdreht.
Was lebendig macht, wird gefährlich genannt.
Nicht, weil es falsch ist –
sondern weil es **Kraft hat.**
Und Kraft, die **nicht kontrollierbar** ist,
wird zur Bedrohung –
für Institutionen, für Dogmen, für Systeme,
die auf Macht, Ordnung, Kontrolle beruhen.
**Lebenskraft ist wild.**
**Sie folgt dem Feld – nicht der Vorschrift.**
Und genau deshalb wurde sie immer wieder unterdrückt, verlacht, kriminalisiert.
**Wilhelm Reich: Der Prozess gegen das Pulsieren**
Wilhelm Reich wurde in den 1950ern in den USA wegen „Verstoß gegen Arzneimittelgesetze" verurteilt.
Nicht, weil er Menschen geschadet hätte –
sondern weil er **Orgonakkumulatoren baute**

und das Wort **„Heilung"** benutzte,
ohne ein „zugelassener Arzt" im neuen, pharmaorientierten System zu sein.

Er wurde lächerlich gemacht.
Seine Bücher wurden **verbrannt** –
in einem demokratischen Land.
Seine Geräte konfisziert.
Er selbst starb im Gefängnis.

Nicht, weil er gefährlich war –
sondern weil er **etwas Gefährliches sagte**:
Dass der Mensch **frei fließen darf**.
**Dass er sich selbst fühlen darf.**
**Dass Lebendigkeit kein Produkt ist.**

**Rudolf Steiner: Die stille Bedrohung**
Steiner wurde nicht eingesperrt –
aber seine Lehre wurde bis heute **entweder verklärt oder ignoriert.**

Die Anthroposophie wird oft als „Waldorf-Esoterik" abgetan,
die Biodynamik belächelt oder angegriffen –
obwohl ihre Ergebnisse längst belegen:
**Was wirkt, muss nicht beweisbar sein im alten System.**

Steiner sprach von Dingen, die **nicht messbar, aber wahrnehmbar** sind.
Er wollte nicht herrschen – sondern **aufwecken.**

Das aber ist gefährlich –
für eine Welt, die lieber **Erklärung als Erkenntnis** will.

Lieber Kontrolle als Beziehung.

Lieber Norm als Individuum.

**Warum die Lebenskraft stört**

Was fließt, kann man nicht einfrieren.

Was atmet, kann man nicht besitzen.

Was heilt, braucht keine Abhängigkeit.

Lebenskraft ist **autonom**.

Sie lässt sich nicht in Schubladen pressen.

Sie fragt nicht um Erlaubnis.

Sie pulsiert – oder nicht.

Und das macht Angst.

Denn sie bringt Menschen in **Verbindung mit sich selbst.**

Ein durchströmter Mensch:

- braucht keine Autorität, um sich zu spüren
- erkennt Lügen intuitiv
- hinterfragt Systeme
- lebt in Beziehung, nicht in Befehl
- ist schöpferisch – nicht konsumierend

Das ist **subversiv.**

Und deshalb wird Lebendigkeit **immer wieder verteufelt.**

Mal durch Religion.

Mal durch Wissenschaft.

Mal durch Politik.

Mal durch Marketing.

Die Methoden ändern sich.

Der Mechanismus bleibt gleich.

**Was geschieht, wenn man das Lebendige unterdrückt?**

- Energie wird krank
- Lust wird zu Gewalt oder Sucht
- Denken wird starr
- Beziehung wird leer
- Körper werden hart
- Systeme werden autoritär

Und vor allem: **Feldvergessenheit.**

Man verliert die Verbindung zum Leben selbst –
zur Erde, zum Herz, zum anderen, zum Selbst.

Was bleibt, ist ein Schattenleben.

Funktional. Angepasst.

Aber **nicht mehr echt.**

**Und doch: Die Kraft überlebt**

Trotz Verboten, Lächerlichmachung, Angriffen –
die Ideen von Reich, von Steiner, von vielen anderen:
**sie leben.**

Weil sie **aus dem Feld selbst kommen.**

Weil sie nicht erfunden sind – sondern **wahr.**

Weil sie **nicht stören**, sondern **stärken.**

Weil sie erinnern – und Erinnern ist gefährlich für Systeme,

die auf Vergessen bauen.

**Die Lebenskraft ist nicht tot.**

Sie wartet.

 In Gärten. In Kindern. In Träumen. In Körpern.

In jeder Berührung, die echt ist.

In jeder Träne, die nicht unterdrückt wird.

In jedem Gedanken, der sich nicht anpasst.

Und sie **kehrt zurück.**

# Kapitel 16 – Orgon, Äther, Tesla

*Die Rückkehr des verborgenen Wissens*

Manches Wissen geht nicht verloren.
Es schläft.
Wird unterdrückt. Verlacht.
Aber es lebt weiter – **im Feld.**
In Manuskripten, in Gärten, in Erinnerung, in dir.
Und irgendwann,
wenn die Zeit reif ist,
tritt es wieder hervor.
Heute ist eine solche Zeit.
**Orgon, Äther, Lebensfeld – verschiedene Namen, ein Strom**
Ob Wilhelm Reich vom **Orgon** sprach,
Rudolf Steiner vom **Ätherleib**,
die Yogis vom **Prana**,
die Chinesen vom **Chi**,
die Alchemisten vom **Od**
oder die modernen Biophysiker vom **Nullpunktfeld**:
Alle sprechen – mit unterschiedlichen Sprachen –
vom **lebendigen, feinstofflichen Energiegewebe**,
das alles durchdringt, informiert, belebt.
Jede dieser Lehren enthält **einen Aspekt der Wahrheit** –
und gemeinsam ergeben sie ein Bild,

das nicht mehr zu leugnen ist:

**Leben ist Feld.**

**Leben ist Bewegung.**

**Leben ist Beziehung.**

Und dieses Wissen kehrt zurück –

nicht als Theorie, sondern **als Erinnerung.**

**Nikola Tesla – Der Tänzer mit dem Äther**

**Nikola Tesla** war kein Esoteriker.

Er war ein brillanter Erfinder.

Aber seine Erfindungen folgten keinem mechanistischen Weltbild.

Sie folgten **Schwingung, Resonanz, Frequenz.**

Tesla glaubte an den **Äther** –

an ein unsichtbares Medium, das Raum und Materie durchdringt.

Er entwickelte Systeme, um Energie **drahtlos** zu übertragen –

nicht durch Stromleitungen, sondern durch **Feldkopplung.**

Er sprach von „freien Energien",

die aus dem Äther geschöpft werden können –

unerschöpflich, natürlich, friedlich.

Und genau das machte ihn gefährlich.

Seine Arbeiten wurden gestoppt, blockiert, vergraben.

Er wurde verkannt – und doch lebt sein Geist weiter.

Heute knüpfen Forscher weltweit an seine Konzepte

an:

**Torsionsfelder, Raumenergie, Resonanzkraftwerke, Bioplasma, Frequenzmedizin.**

**Was zurückkehrt**

Heute erleben wir eine stille Revolution –
nicht laut, nicht politisch,
sondern in Gärten, Werkstätten, Therapieräumen, Herzen.

- Menschen bauen wieder **Orgonakkumulatoren**
- Wasser wird **energetisiert, verwirbelt, informiert**
- **Klangheilung, Frequenztherapie und Biofeldmessung** kehren zurück
- Felder werden **nicht mehr gemessen, sondern gespürt**
- Technik nähert sich **der Natur statt sie zu beherrschen**

Und das Entscheidende:

**Menschen erinnern sich.**

Sie stellen wieder Fragen:

- Warum heilt ein Ort – und ein anderer nicht?
- Warum spüre ich manchmal „etwas" – obwohl nichts sichtbar ist?
- Warum fühlen sich manche Geräte lebendig an – und andere leer?

- Was, wenn Energie nicht teuer und knapp ist – sondern frei und überall?

**Der neue Wissenschaftler ist ein Fühlender**

Die neue Generation von Forschern, Heilern, Denkern

ist keine feine Elite in weißen Kitteln.

Es sind:

- Handwerker mit Intuition
- Bäuerinnen mit Gefühl für den Boden
- Kinder mit unbestechlichem Gespür
- Ingenieure, die mit der Blume des Lebens konstruieren
- Ärzte, die wieder auf das **Ganze** schauen
- Künstler, die mit **Frequenz und Form** arbeiten

Sie denken nicht gegen die Welt –

sondern **mit ihr.**

Sie wissen:

Die alte Trennung zwischen **Wissenschaft und Spiritualität**

zwischen **Technik und Natur**

zwischen **Körper und Feld**

ist **eine Illusion.**

Was heilt, heilt.

Was wirkt, wirkt.

Was lebt, lebt.

**Und wir?**

Wir sind mittendrin.
Teil dieses Übergangs.
Wir müssen nichts erfinden –
 wir dürfen **erinnern.**
 Das verborgene Wissen kehrt nicht zurück,
um Systeme zu retten –
 sondern um **Leben wieder atmen zu lassen.**
 Das Orgon fließt.
Der Äther leuchtet.
Das Feld erwacht.
 Und du bist ein Teil davon.

# Kapitel 17 – Das fühlende Denken

*Eine neue Verbindung von Herz und Verstand*

Wir wurden gelehrt zu denken.
Rational. Kritisch. Strukturiert.
Wir lernten zu analysieren, zu vergleichen, zu bewerten.
Aber kaum jemand hat uns gezeigt,
 wie man **fühlend denkt.**
Und doch spüren viele:
 Reines Denken **genügt nicht mehr**.
Denn das Denken ohne Herz führt zu:

- Kälte
- Zynismus
- Kontrolle
- Getrenntheit
- Funktionieren ohne Verbundenheit

Es ist, als hätte man das Gehirn **abgetrennt vom Körper**
 und den Menschen zur **Denkmaschine** gemacht –
entfremdet vom Feld, vom Leben, vom Puls.
Doch jetzt kehrt etwas zurück:
**Ein Denken, das fühlt.**
**Ein Fühlen, das erkennt.**
**Ein Bewusstsein, das schwingt.**

## Rudolf Steiner und die lebendige Erkenntnis

Steiner sprach vom „**erkennenden Fühlen**" und „**fühlenden Erkennen**".

Für ihn war Denken nicht trocken –
sondern ein **lebendiger, geistdurchwirkter Prozess.**

Er sprach von einem Denken, das nicht trennt,
sondern **verbindet.**

Das nicht zerteilt, sondern **erfasst.**

Das **nicht kontrolliert**, sondern **leuchtet.**

Dieses Denken ist kein intellektueller Akt –
es ist ein **Erleben der Wahrheit.**

Ein inneres Mitschwingen mit dem, was ist.

So entsteht **Wissen**, das **lebt.**

## Wilhelm Reich und die körperliche Intelligenz

Reich war direkter:

Für ihn war Denken, das den Körper ausschließt,
eine Form der **Verdrängung.**

Er beobachtete:

Menschen denken sich von ihrem Fühlen **weg.**

Sie analysieren, statt zu spüren.

Sie erklären, statt zu erleben.

Für Reich war **echtes Denken körperlich.**

Es braucht Atem. Bewegung. Präsenz.

Er sagte:„**Die Intelligenz eines Menschen zeigt sich nicht an seinem Wissen,
sondern an seiner Fähigkeit, mit dem Leben in Kontakt zu sein.**"

**Was ist fühlendes Denken?**

Es ist kein „weichgespültes Denken".

Es ist **radikal ehrlich**, tief, klar – und zugleich verbunden.

Fühlendes Denken bedeutet:

- **Ein Gedanke, der mitschwingt** mit Herz und Bauch
- Eine Erkenntnis, die **leuchtet** statt nur logisch zu sein
- Eine Idee, die **durchpulst** ist von Leben
- Ein Wissen, das **nicht von außen kommt**, sondern **aus dem Feld aufsteigt**

Fühlendes Denken ist **wahrnehmendes Denken**.

Ein Lauschen. Ein Inneres Aufnehmen.

Ein „Aha", das nicht nur im Kopf – sondern im ganzen Wesen geschieht.

**Wie fühlt sich das an?**

Wenn du fühlend denkst,

dann geschieht Erkenntnis wie ein **Einatmen**.

Du wirst **still**.

Etwas öffnet sich.

Etwas **stimmt**.

Du weißt, ohne Beweis.

Du spürst: **Ja.**

Es kann beim Lesen passieren.

Beim Zuhören.

Beim Beobachten eines Vogels.

Beim Zubereiten eines Teigs.

Beim Wandern durch einen alten Wald.

Fühlendes Denken ist nicht anstrengend.

Es ist **gegenwärtig**.

Es fließt. Es nährt. Es vibriert.

**Warum wir es jetzt brauchen**

In einer Welt der Algorithmen, Systeme, Zahlen und Bildschirme

dürfen wir **unsere innere Intelligenz** nicht verlieren.

Nicht die künstliche.

Sondern die **verkörperte Weisheit**.

Das Denken, das **Teil des Feldes ist** –

nicht abgetrennt davon.

Denn nur ein fühlendes Denken kann:

- Heilen
- In Beziehung treten
- Verantwortung tragen
- Neue Wege sehen
- Wahres Erkennen

Es verbindet das, was lange getrennt war:

**Herz und Hirn.**

**Körper und Geist.**

**Fühlen und Wissen.**

**Und wir?**

Wir stehen an der Schwelle.

Zwischen einer alten Welt des Trennens –

und einer neuen Welt des Verbundenseins.

Fühlendes Denken ist **der Brückenschlag**.

Es ist der Anfang von **wahrer Erkenntnis.**

Nicht, um zu kontrollieren.

Sondern, um **zu dienen.**

Dem Leben. Dem Feld. Dem, was wirklich ist.

## Kapitel 18 – Nachwort: Die Drehung beginnt in dir

Vielleicht hat dieses Buch nichts Neues gesagt.
Vielleicht hat es dich nur erinnert –
an etwas, das du längst wusstest.

Etwas, das **nicht im Kopf**, sondern **im Feld** lebt.
Etwas, das nicht erklärt werden muss –
weil es **gespürt** werden will.

Du hast es beim Lesen vielleicht bemerkt:

- Ein Kribbeln
- Eine innere Weite
- Ein stilles „Ja"
- Eine Erinnerung, die keinen Namen hat

Das ist die **Drehung der Welt**.
Nicht da draußen.
Sondern **in dir.**

Denn alles beginnt im Kleinen:

- In einem Atemzug, der bewusst geschieht
- In einem Blick, der Verbindung schafft
- In einem Garten, der nach dem Mond gepflanzt wird
- In einem Kind, das mit Achtung aufwächst
- In einem Menschen, der wieder **fühlen darf**

Und so beginnt das große Ganze sich **leise zu bewegen.**

Nicht mit Revolution – sondern mit Resonanz.
Nicht mit Lautstärke – sondern mit Schwingung.

Dieses Buch will kein Abschluss sein.
Es will **ein Anfang sein** –
eine Öffnung, ein Impuls, ein innerer Ruf.

Wenn du etwas davon mitnimmst –
nicht als Theorie,
sondern als **wiedergefundenes Spüren**,
dann hat es seinen Sinn erfüllt.

Denn das Feld lebt durch dich.
Und die Drehung der Welt beginnt
**nicht irgendwann –**
**sondern jetzt.**

# Impressum

Verlag: BOD. Books on Demand Gmbh, Uberseering 33, 22297 Hamburg, bod@bod de Prick Libri Pureas Gmbh. Friedensallee 23, 22153 Hamburg ISBN 9:8-3-9193-4984-8

# Nachwort

Vielleicht hat dieses Buch nichts Neues gesagt.

Vielleicht hat es dich nur erinnert –
an etwas, das du längst wusstest.
  Etwas, das **nicht im Kopf**, sondern **im Feld** lebt.
Etwas, das nicht erklärt werden muss –
 weil es **gespürt** werden will.
  Du hast es beim Lesen vielleicht bemerkt:

- Ein Kribbeln
- Eine innere Weite
- Ein stilles „Ja"
- Eine Erinnerung, die keinen Namen hat

  Das ist die **Drehung der Welt.**
Nicht da draußen.
 Sondern **in dir.**
  Denn alles beginnt im Kleinen.
  Dieses Buch will kein Abschluss sein.
 Es will **ein Anfang sein** –
eine Öffnung, ein Impuls, ein innerer Ruf.
  Wenn du etwas davon mitnimmst –
nicht als Theorie,
 sondern als **wiedergefundenes Spüren,**
dann hat es seinen Sinn erfüllt.
  Denn das Feld lebt durch dich.
Und die Drehung der Welt beginnt

**nicht irgendwann –**
**sondern jetzt.**

# Danksagung

Mein tiefster Dank gilt
**Rudolf Steiner** und **Wilhelm Reich** –
zwei Seelen, die auf sehr unterschiedlichen Pfaden
doch denselben Quell berührten:
das lebendige Feld des Seins.

Steiner – für seinen weiten Blick,
für seine unermüdliche Hingabe an das Geistige,
für seinen Mut, das Unsichtbare auszusprechen
und die spirituelle Würde des Menschen zu wahren.

Reich – für seine leidenschaftliche Wahrhaftigkeit,
für seinen Ruf nach freier Lebenskraft,
für seine Arbeit am Körper, am Puls,
am Menschsein in seiner wildesten Ehrlichkeit.

Beide wurden nicht verstanden.
Beide wurden bekämpft.
Beide haben gewirkt –
tief, still, bleibend.

Mögen ihre Wege in diesem Buch
einander nicht nur begegnen,
 sondern sich **vereinigen** –
zum Wohl all jener,
die sich wieder erinnern wollen,
wer sie wirklich sind.

Danke auch allen,
die das Lebendige schützen –

in Gärten, Herzen, Berufen, Familien,
still und unbeirrt.

Dieses Buch ist ein Lied für euch.
Und für das Leben selbst.

**Mara von Eichen**

*Erstellung und Gestaltung wurden
mithilfe von WriteControl vorgenommen*